Collection de M. B***

DESSINS

GRAVURES ANCIENNES

ET

55 Aquarelles de Maîtres modernes

DONT LA VENTE AURA LIEU

HOTEL DROUOT

SALLE N° 3

Le Vendredi 26 Mai 1876, à 2 heures 1/2

ET LE SOIR, DE 7 HEURES 1/2 A 10 HEURES

EXPOSITION PUBLIQUE DE UNE HEURE A DEUX HEURES ET DEMIE

Mᵉ QUÉVREMONT	**M. GANDOUIN**
COMMISʳᵉ-PRISEUR	PEINTRE-EXPERT
Rue Richer, n° 46	Rue des Martyrs, n° 13

PARIS — 1876

CONDITIONS DE LA VENTE

Elle sera faite au comptant.

Les Acquéreurs paieront CINQ POUR CENT en sus du prix des adjudications.

L'ordre numérique du Catalogue sera rigoureusement suivi.

L'Expert chargé de la direction de la vente se réserve la faculté de réunir ou diviser les lots.

ORDRE DE LA VACATION

De 2 heures 1/2 à 6 heures :
N°s 1 à 230

De 7 heures 1/2 à 10 heures :
N°s 231 à la fin.

DÉSIGNATION

DES

DESSINS ET AQUARELLES

DE MAITRES MODERNES

DESSINS MODERNES

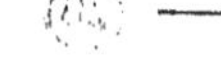

1 — **Atoche.** Paysage.

2 — **Bez (De).** Étude (Sépia).

3 —   **Id.**   Vue prise aux mers polaires.

4 — **Bonnington.** Paysage (Sépia).

5 — **Boutlier.** Paysage.

6 — **Butay.** Vue du château de Pau.

7 — **Chapelle (De la).** Bords du Rhin.

8 — **Charlet.** Croquis à la mine de plomb.

9 — **Chasselat.** La Bombance.

10 — **Cicéri (Père).** Paysage (Aquarelle).

11 — **Dupressoir.** Paysage (Sépia).

12 — **Duvivier.** Hussard de la garde.

13 — **Enfantin**. Paysage (Sépia).

14 —   **Id.**   Vue prise dans les Pyrénées.

15 —   **Id.**   Vue prise à Thiers.

16 — **Gérard**. Paysage (Sépia).

17 — **Géricault**. Le Promeneur d'affiches. Type de Londres.

18 — **Gomien**. M. Mayeux déclarant sa flamme.

19 — **Grenier**. Pense à la payse.

20 — **Gudin** (L.). Jehan de Samtré.

21 —   **Id.**   Cromwell.

22 —   **Id.**   Un Brigand de la Loire.

23 —   **Id.**   Vue prise au Havre.

24 — **Gudin** (Th.). Marine.

25 —   **Id.**   Marine.

26 — **Huguet**. Vue de Suisse (Sépia).

27 — **Isabey** (Père)? Chien noir.

28 —   **Id.**   La Balançoire.

29 —   **Id.**   La Roche-du-Diable.

30 — **Isabey** (E.), 1818. Ruines d'une abbaye.

31 —   **Id.**   Route près de Fécamp.

32 —   **Id.**   Marine (Aquarelle).

33 —   **Id.**   Marine (Sépia).

34 —   **Id.**   Porte de ferme.

35 —   **Id.**   La Sortie de l'église.

36 — **Jacques**. En route sous bonne escorte.

37 — **Jollivard**. Souvenir de Vendée.

38 — **Lafontmelle**. Paysage.

39 — **Leboucher**. Cheval à l'écurie.

40 — **Leboucher**. Roland à Roncevaux.

41 — **Leprince**. Le Départ aux montagnes russes.

42 — **Michallon**. Une Italienne.

43 — **Montjoie** (L. de). Épisode des guerres d'Allemagne.

44 —   **Id.**   Un État-Major.

45 — **Mozin**. Marine (Sépia).

46 — **Orschvillers** (D'). Paysage.

47 — **Ricois**. Vue prise dans les Appennins.

48 —   **Id.**   Paysage.

49 — **Rolland**. Vue d'Italie.

50 —   **Id.**   Vue prise à Avignon.

51 — **Roqueplan**. Paysage (Sépia).

52 — **Sante**. Étude (Croquis à la mine).

53 — **Ulrich**. Vue de Ville (Sépia).

54 — **Vatier**. Épisode des guerres de religion.

55 — **Watelet**. Paysage (Sépia).

DESSINS ANCIENS

56 — **Bartolomeo** (Fra). Saint Jérôme (Plume et bistre).

57 — **Berghem**. Croquis au lavis.

58 —   **Id.**   Étude de mouton (Sanguine).

59 — **Berghem** (Nicolas). Marche d'animaux (Croquis à
     la sanguine).

60 — **Bibiena**. Fronton d'une porte.

61 —   **Id.**   Cour de palais (Plume sur vélin).

62 — **Bibiena** (Galli, dit). Motif de fontaine.

63 — **Blœmaert** (A.). Le Repos (Lavis).

64 —   **Id.**   Le Christ guérissant des malades.

65 — **Boucher** (François). Paysage.

66 —   **Id.**   Fuite de Sodome (Plume rehaussée de bistre).

67 —   **Id.**   Jacob et Laban (Plume rehaussée de bistre).

68 — **Bourguignon**. Soldats au repos (Lavis).

69 — **Both** (André). Le Repas (Aquarelle).

70 — **Campi** (Ant.). La Trahison de Judas (Pierre noire).

71 — **Caraglio**. Combat de Thésée et du Minotaure (Plume).

72 — **Carmontelle**. La Servante (Pierre noire rehaussée).

73 — **Carrache** (A.). Nymphes (Plume).

74 — **Carrache** (Louis). Pêcheur (Plume).

75 — **Chodonetti**. La Lecture de la Bible (Pierre noire).

76 — **Corneille** (Michel). Bacchus (Sanguine).

77 —   **Id.**   Massacre des enfants de Niobé.

78 — **Desfriches**. Paysage (Crayon noir).

79 — **Desrais**. Le Lavoir champêtre (Aquarelle).

80 — **Dominiquin**. Le Jeu (Plume et bistre).

81 —   **Id.**   Étude académique (Plume).

82 — **Dyck** (Antoine Van). Christ en croix (Sanguine).

83 — **Flore** (Franck). Le Calvaire (Lavis).

84 — **Franck.** Triomphe d'Alexandre (Sanguine).

85 — **Gesner** (Salomon). Évanouissement d'Esther (Pierre
noire).

86 — **Goeree.** Sujet allégorique (Plume).

87 — **Goltzius** (H.). L'Avarice (Plume et bistre).

88 — **Greuze.** Étude : Tête de femme (Sanguine).

89 — **Inconnu.** Martyre de Saint Sébastien (Plume).

90 —   **Id.**   Sacrifice antique (Plume et bistre).

91 — **Jordaens.** Deux Croquis : Saturnales (Plume).

92 — **La Hire** (L. de). Minerve (Pierre noire et sanguine).

93 — **Lafargue** (P.-C.). Le Chanteur ambulant (Aquarelle).

94 — **Larue.** Croquis à la plume.

95 — **Le Brun** (Ch.). Étude d'éléphants (Pierre noire).

96 —   **Id.**   L'Évanouissement d'Esther (Lavis).

97 —   **Id.**   Mort de saint Louis (Sanguine).

98 — **Leyde** (Lucas de). La Transfiguration (Plume).

99 — **Masaccio** (Thomas). La Visitation (Plume).

100 — **Mazzuoli.** Études d'anges pour une mise au tom-
beau (Dessin à l'essence).

101 — **Metelli.** Dix Croquis : Cris de Naples (Plume).

102 — **Meulen** (Ch. Van der). Portrait équestre (Plume).

103 — **Michel-Ange** (Attribué à). Guerriers antiques (Sanguine).

104 — **Michel-Ange.** Étude d'homme pour le Jugement
dernier (Plume).

105 — **Moor** (C. de). Croquis (Sanguine).

106 — Moucheron (F.). Étude de paysage.

107 — Neve (Fr.). Martyre (Pierre noire).

108 — Netscher (G.). Portrait de femme sous la figure de sainte Madeleine (Sanguine).

109 — Nople (Pierre). Jupiter foudroyant les Titans (Plume et bistre).

110 — Ostade (Adrien Van). Paysans devant une hôtellerie (Croquis au crayon).

111 — Palma (Jacopo). Allégorie (Lavis).

112 — Parrocel. Étude de cheval.

113 — Id. Croquis à la sanguine.

114 — Pillement. Paysage (Sanguine).

115 — Primatice. Pluton (Dessin à l'essence).

116 — Preud'homme (   ). Le Christ et la Samaritaine (Bistre).

117 — Raphael (D'ap.). Croquis à la pierre noire.

118 — Rigaud (Jean). Pont sur l'Arno (Lavis).

119 — Roger Déodat. Paysage (Pierre noire rehaussée).

120 — Id. La Pêche, 1705 (Pierre noire rehaussée).

121 — Romain (Jules). Triomphe de Mars (Bistre rehaussé).

122 — Roos (Joseph). Le Pâturage (Pierre noire).

123 — Roos (Melchior). Animaux au repos (Sanguine).

124 — Rotken. Motif de frontispice (Plume).

125 — Rottenhamer. Martyre de saint Étienne.

126 — Sarte (André del). Réception d'un moine (Bistre rehaussé).

127 — **Schalken.** Le Miroir (Sanguine).

128 — **Scheneau.** Tête de femme (Pierre noire).

129 — **Solimène.** Le Sacrifice (Lavis).

130 — **Steen** (Jean). Porteur d'un marché (Sanguine).

131 — **Tassi.** Neptune (Sanguine).

132 — **Tiepolo** (J.-B.). Le Sacrifice d'Abraham (Plume et lavis).

133 — **Tintoret** (D'ap.). Mars et Vénus (Plume).

134 — **Venius** (Otto). Saint Sébastien (Plume).

135 — **Véronèse.** L'empereur Théodose se soumettant (Pierre noire).

136 — **Verstmeer** (A.-L.). La Résurrection (Bistre).

137 — **Vignon** (C.). Le Quatuor (Bistre).

138 — **Zucharelli.** Croquis à la plume.

139 — **Zuccharo.** La Pentecôte.

140 — **Watteau** (A.). Paysage orné de figures (Sanguine rehaussée).

141 — **Waterloo** (A.). Étude (Pierre noire).

142 — **Wille** (J.-G.). Tannerie à Longjumeau (Bistre).

143 —   **Id.**   Tannerie à Longjumeau (Bistre).

GRAVURES ANCIENNES

PORTRAITS

144 — **Audran.** Colbert (Lefebvre).

145 —   **Id.**   Claude de Chabot (Ballin).

146 — **Bonneville**. Berthier.

147 —   **Id**.   Augereau.

148 — **Cars**. Sébastien Bourdon (Rigaud).

149 — **David**. Comte Neale. 3 ép. (Lereveidt).

150 — **Duhamel**. Henri IV (Marillier).

151 — **Dupont**. Seghers (Van Dyck).

152 — **Duthois**. Napoléon Ier.

153 —   **Id**.   Napoléon II.

154 — **Edelinck**. Bertin (Coypel).

155 —   **Id**.   Mansart (Namur).

156 —   **Id**.   Arnaud d'Andilly (Champagne).

157 —   **Id**.   Pélisson (Edelinck).

158 — **Fessard**. Arétin (Titien).

159 — **Ficquet**. De La Mothe (François Nanteuil).

160 —   **Id**.   Antoine de Chabanne (Robert).

161 —   **Id**.   Le Courayer.

162 —   **Id**.   Arioste (Titien).

163 —   **Id**.   Mannbourg (Nivellan).

434 —   **Id**.   J.-B. Rousseau (Aved).

165 —   **Id**.   Descartes (Ficquet).

166 — **François**. Léopold Ier (Robert).

167 — **Fridich**. Louis XV.

168 — **Fusenger**. Kosciuszko (Grassi).

169 — **Gaillard**. Nicolas Fouquet (Nanteuil).

170 — **Garavaglia**. Marie-Thérèse d'Autriche (Gozzini).

171 —   **Id**.   M. Vidoni.

172 — **Gleuve**, statuaire. Portrait.

173 — **Goltzius**. Portrait d'homme.

174 — **Houbraken.** Romein de Hooghe (H. Bos).

175 — **Inconnu.** Desilles de Nancy.

176 —   **Id.**   Panzer.

177 — **John.** Duc de Reichstadt (Benner).

178 — **Kenneley.** Fauché Borel (Wodsvorth).

179 — **Kiliano.** Portrait (Rottenhamer).

180 — **Lasne.** Strozze (Vouet).

181 — **Lebeau.** Maximilien de Béthune (Marillier).

182 — **Lefebvre.** Napoléon Ier (Steuben).

183 — **Lépicié.** Capperonier (Aved).

184 — **Levachez.** Kléber (D. Bertaux).

185 —   **Id.**   Lally de Tollendal (D. Bertaux).

186 —   **Id.**   Robeyot (D. Bertaux).

187 —   **Id.**   Moreau (Gérard).

188 — **Lombart.** Christina (Le Beck).

189 — **Lommelin.** Jean de Wael (Van Dyck).

190 — **Moncornet.** Louis XIII.

191 —   **Id.**   Anne d'Autriche.

192 —   **Id.**   Henri IV.

193 — **Nanteuil.** Le cardinal Barberini.

194 —   **Id.**   Christine (Bourdon).

195 — **Pannier.** Louis-Philippe (Winterhalter).

196 — **Pazzi.** Primatice (Campiglia).

197 — **Poilly.** D'Harcour.

198 — **Pontius.** Gustave-Adolphe (Van Dyck).

199 —   **Id.**   Maria Dei gratia, princeps comes Aren-
bergiæ, princeps Barbansonia (Van Dyck).

200 — **Pontius.** Poussin (Poussin).

201 — **Ramberg.** Robespierre.

202 — **Roy.** Bossuet (Rigaud).

203 — **Sachs.** Épreuve avant la lettre.

204 — **Schleich.** Moreau (Bonneville).

205 — **Id.** Baron Kray (Oechs).

206 — **Id.** Mélas (Kringer).

207 — **Id.** Nelson (Cosway).

208 — **Id.** Masséna (Bonneville).

209 — **Simonneau.** Marie de France (Van der Werff).

210 — **Sollar.** Portrait sans la lettre (Van Dyck).

211 — **Thomassin.** Cardinal de Fleury (Autréau).

212 — **Wolffgang.** Virtutem Carolina, etc., etc. (Terwestein).

213 — **Avril.** La Résurrection de Lazare (Lesueur).

214 — **Baudet.** Sainte Famille. En rond (S. Bourdon).

215 — **Cardon.** Sainte Famille (Van der Werff).

216 — **Châtillon.** La Vierge au poisson (Raphaël).

217 — **Desplaces.** L'Annonciation (Boulongne).

218 — **Drevet.** Le Christ au Jardin des Oliviers (Restout).

219 — **Freddi.** Vierge à la chaise. Avant le titre (Raphaël).

219 — **Gaminglia.** Vierge de Vincent de San Gimignano (Gimignano).

221 — **Hendrick.** L'Annonciation (Rubens).

222 — **Langlois.** Saint Augustin (Le Pautre).

223 — **Louvemont.** Saint Jérôme (Lanfranc).

224 — **Id.** Saint Luc (Lanfranc).

225 — **Mariette.** La Présentation au temple (Corneille).

226 — **Id.** La Fuite en Égypte (Corneille).

227 — **Morghen** (R.). Sainte Famille (Rubens).

228 — **Pavon**. Vierge dite la Belle jardinière.

229 — **Raimond**. La Sainte Vierge (Raphaël).

230 —   **Id.**   Le Christ dans le sépulcre (Zuccharo).

231 — **Rousselet**. Saint Antoine de Padoue adorant l'En-
        fant (Van Dyck).

232 — **Schmidt**. La Présentation au temple (**P. Testa**).

233 — Sous ce numéro, 4 pièces sujets religieux, par
        divers.

SUJETS DIVERS

234 — Vénus et l'Amour (Albane).

235 — **Aliamet**. Garde avancée de hulans (Wouvermans).

236 — **Aubert**. Jacob se prosterne aux pieds d'Ésaü (Jeau-
        rat).

237 —   **Id.**   Laban cherchant ses dieux (Jeaurat).

238 — **Audran**. Alexandre malade (Lesueur).

239 —   **Id.**   Évanouissement d'Esther (Coypel).

240 —   **Id.**   Zéphir et Flore.

241 —   **Id.**   La Peste de Jérusalem (Mignard).

242 — **Aveline**. Le Repos (Berghem).

243 —   **Id.**   La Folie (Vischer).

244 — **Baquoy**. Le Voyageur allemand (Wouvermans).

245 — **Bartholozzi**. Bacchante.

246 —   **Id.**   Faune.

247 — **Bartholozzi.** La Mère et l'Enfant (Cipriani).

248 — **Id.** Motif de plafond (Fontebasso).

249 — **Id.** Fac-simile de dessin de ce maître (Guerchin).

250 — **Bartsch.** Vache couchée (Van de Velde).

251 — **Id.** Vache debout (H. Roos).

252 — **Id.** Chasse au sanglier (Snyers).

253 — **Bauduins.** Chasse au cerf.

254 — **Bazin.** L'Été.

255 — **Beauvarlet.** Suzanne et les Vieillards (Jordaëns).

256 — **Benoist.** Bethzabée au bain (Bounieu).

257 — **Boizot.** La petite Liseuse (Greuze).

258 — **S. Bourdon.** Le Repos en Égypte. Eau-forte du maître.

259 — **Camerata.** Effet de lumière (Feti).

260 — **Cars.** Suzanne et les Vieillards.

261 — **Castiglione.** Eau-forte.

262 — **Chodowick.** 4 pièces.

263 — **Copia.** Le Guerrier laboureur.

264 — **Cousinet.** La Forêt dangereuse (Wouvermans).

265 — **Daret.** Agar dans le désert (Vouet).

266 — **Debucourt.** Adèle la Vénitienne (Tintoret).

267 — **Defavanne.** Calypso.

268 — **De Fehrt.** — Le Maître et ses Élèves (Van den Bosch).

269 — **De Launay.** La Chute dangereuse (Meyer).

270 — **Desnoyers.** L'Amour et Psyché (Ingres).

271 — **Desplaces.** Vénus et Vulcain (Boullongne).

272 — **Desplaces.** Vénus chez Vulcain (Jouvenet).

273 —   **Id.**   L'Amour dans la maison d'Anacréon (Coypel).

274 — **Du Bocq.** Latone (Jouvenet).

275 — **Du Chauge.** 15 pièces : Vues des châteaux de Saint-Cloud, Chantilly, Vincennes, Bellevue et autres.

276 — **Duflos.** Le Retour désiré (Scheneau).

277 —   **Id.**   Le Maître de guitare (Scheneau).

278 —   **Id.**   La Mère qui intercède (Scheneau).

279 —   **Id.**   Les Premiers pas de l'enfance. (Scheneau).

280 — **Durmer.** Vénus (Nahl).

281 — **Flipart.** Chasse au tigre (Boucher).

282 — **Fontana.** Libella persica, etc. (Barbieri et Guerchin).

283 — **Fry** (J. de). Vieillard assis, ép. avant la lettre (Koning).

284 — **Fillœul.** Tripot des Savoyards (Francisque).

285 — **Garnier.** Guerriers (Primatice).

286 — **Aps.** Jeune garçon, camaïeu (Greuze).

287 — **Halbou.** La Sultane (Colson).

288 —   **Id.**   Le Sultan (Colson).

289 — **Halden Wang.** Vue du défilé et du pont Saint-Maurice (Bacler d'Albe).

290 — **Hanstein.** La Tentation (Hontorst).

291 — **Hibon-Peronnard** et autres. Baptême de Son Altesse royale le duc de Bordeaux. 12 planches avec le texte.

292 — Helman. Immersion d'une caisse conique à Cherbourg (Chatry).

293 —   Id.   Départ d'une caisse conique à Cherbourg devant Louis XVI (Chatry).

294 — Hendrick. Intérieur de ferme (Mactham).

295 — Honoré. Reviendra-t-il? (Van Gorp).

296 — Huet. Paysage, eau-forte.

297 — Jazet. L'Enfant gâté (Scharp).

298 — Larmessin. Même série que la précédente (Gillot).

299 —   Id.   Fête du dieu Pan (Gillot).

300 —   Id.   Fête de Bacchus (Gillot).

301 —   Id.   Fête de Diane (Gillot).

302 —   Id.   Fête de Faune (Gillot).

303 — Laurent. Les Adieux (Wouvermans).

304 —   Id.   La Vie champêtre (Feti).

305 — Lebas. Paysage. Ép. avant la lettre.

306 — Le Mercier. Le Bal des paysans (Berghem).

307 — Lempereur. Délices des Flamands (Téniers).

308 — Leprince. Port russe.

309 — Leprince. Les Pêcheurs.

310 —   Id.   Le Berceau.

311 — Levasseur. La Laitière et le Pot au Lait (Berlin).

312 —   Id.   Le Gland et la Citrouille (Bertin).

313 — Leviez. Les Voyageurs en marche (Pillement).

314 — Longhi. Le Génie de la Musique et Cupidon (Guide).

315 — Maeret. Saint Sébastien, avant la lettre.

316 — Marot. La salle d'audience de la Haye.

17 — **Martenari**. L'Abreuvoir agréable et champêtre (Berghem).

318 — **Massard**. Erigone (Miéris).

319 — Maréchal de Mac-Mahon, épreuve avant la lettre (Masson).

320 — **Mason**. Le Repos des Voyageurs (Pillement).

321 — **Menil**. Le Plaisir de la Pêche (C. Moor).

322 — La Marchande de Volaille, avant la lettre (Metzu)

323 — **Michel**. La belle Impatiente (Verkolie).

324 — **Migneret**. La Femme charitable (Metzu).

325 — **Moitte**. L'Orage (Lallemand).

326 — **Id**. La Pêche (Lallemand).

327 — **Moyreau**. L'Age viril (Raoux).

328 — **Id**. Petite partie de Chasse (Wouvemans).

329 — **Mubugel**. Oliver Cromwell (West).

330 — **Nœl et Massal**. Nymphes au bain (Lelhiere).

331 — **Ouvrié**. Vue des Apenins (J. Vernet).

332 — **Id**. Vue des Alpes (J. Vernet).

333 — **Id**. Vue des Alpes (J. Vernet).

334 — **Pedro**. Pudica Mulier, etc., etc. (Lenain).

335 — **Philippon**. Paysanne (Environs de Paris).

336 — **Id**. Petite Fille d'Hambourg.

337 — **Pigeol**. Les Bulles de savon, avant la lettre (Miéris).

338 — **Pilot**. La Bonté maternelle (Aubry).

339 — **Q. P. C.** Tour près de Blois (Boucher).

340 — **Rahl**. Paysage (Poussin).

341 — **Rainaldi**. Diane et Actéon (Albane).

342 — **Regnaudin.** Le Soleil chez Thétis (Edelinck).

343 — **Rembrandt.** Tête d'homme endormi. (B. 377).

344 —   **Id.**   La Mort de la Vierge. (B. 99).

345 — **Ranaldi.** L'Enlèvement d'Europe (Véronèse).

346 — **Ryland.** Première vue de Fronville (Boucher).

347 —   **Id.**   Deuxième vue de Fronville (Boucher).

348 — **Saint-Fessard.** Jupiter et Antiope (Vanloo).

349 — **Saint-Non.** Ruines (Robert).

350 — **Silvestre.** Andromaque à la prise de Troie (Silvestre).

351 — **Sintes.** Léda (Maratte).

352 — **Sornique et Gaillard.** Enlèvement des Sabines (Jordaens).

353 — **Tanjé.** Le petit Concert (Uchtervelt).

354 — **Tardieu.** Double Mariage de Chlore et de Maximilien Galère (Rubens).

355 —   **Id.**   La ville de Rome après la mort de Maxence, etc., etc. (Rubens).

356 —   **Id.**   L'Étude au village (G. Dew).

357 — **Tonet.** La Vielleuse (Le Clerc).

358 — **Vischer.** Kermesse (Vinck Booms).

359 —   **Id.**   Saint Jean (Voet).

360 — **Ward.** Mane scripsit David, etc., etc. (F. Bol).

361 — **Wille.** Mort de Cléopâtre (Netscher).

362 —   **Id.**   Les Offres réciproques (Diétricy).

363 —   **Id.**   Jeune Joueur d'instrument (Schalken).

364 — **Wischer.** La Caverne, épreuve avant la lettre (Wouvermans).

ÉCOLE ANGLAISE

365 — **Chambaro.** Mlle la chevalière d'Eon de Beaumont (Cosway).

366 — **Corbutt.** Miss Penelope Pitt (Miss Reed).

367 — Augusta, princesse héréditaire de Brunswick, etc., etc. (École anglaise).

368 — **Green.** William - George Frederic, prince of Orange, etc., etc. (Jones).

369 — **Id.** Keppel Auguste (Reynolds).

370 — **Roberts.** Nelson (Aboots).

371 -- **Rylands.** (**W.W.**). The ratifyng Magna Charta by king John (Mortimer).

372 — **Scleich.** Sidney Smith sir Wellio (Chandler).

373 — **Watson.** Carolina Matilda, queen of Denmark (Cotes).

374 — **Wilson.** Alice Narler in the character of Hebe (Pine).

375 — **Voekerodt.** William Pitt.

376 — Portrait de Guillaume III. Sans marge.

377 — Portrait avec l'inscription suivante : « Printed for Robert Stewart, engraver and modeller of portraits in wax. »

378 — **Vivarès.** Paysage (Patel).

379 — **Rylands.** Eleonore, etc., etc. (Kauffmann).

380 — **Id.** Lady Elisabeth Grey, imploring, etc., etc. (Kauffmann).

381 — **Smith.** Mort de Cléopâtre (Dominiquin).

382 — **Stange.** Apollon récompense le Mérite et punit l'Arrogance (Sacchi).

383 — **Keating.** A Girls School (Pasquelini).

384 —   **Id.**   A Boys School (Pasquelini).

385 — **Egan.** The Young Wife (Jones).

386 — **Marcuard.** Royal Children (Kauffmann).

387 — **Green.** The Raising of Jairu's daughter (Wilson).

388 — **Chambers.** Mlle la chevalière d'Eon de Beaumont (Cosway).

389 — **Faber.** La Lecture (Sans lettre).

390 — **Fittler.** Portrait : Titian's Scoolsmaster (Moroni).

391 — A Paris, chez Daret. Marie de Médicis.

392 — **Dequevauvillier.** Portraits : Quatre pièces d'Inconnus (Desenne).

INCONNUS

393 — Henri II, 1552 (Inconnu).

394 — Six pièces : Mendiants divers (Sanguine).

395 — Six pièces : Caricatures diverses.

396 — Douze pièces diverses.

397 — Différents Plans, Coupe, Élévation du palais du Louvre.

398 — Différents autres Plans.

399 — D'après le dessin de Milan : Bonaparte. Se vend chez Haid.

400 — Gravure sur bois : Appian Peiter, mathematicus, mort, 1552.

401 — Portraits : Quatre pièces.

Vᵉˢ RENOU, MAULDE et COCK, imprˢ de la Compagnie des Commissaires-Priseurs, rue de Rivoli, 144.   65535